AF494267

8° V 43044

MINISTÈRE DE LA GUERRE

DIRECTION DE L'INFANTERIE

NOTICE PROVISOIRE

SUR

LES BATAILLONS DE MITRAILLEURS

ANNEXE XIII

A LA

2e PARTIE DU RÈGLEMENT PROVISOIRE DE MANŒUVRE D'INFANTERIE

DU 1er FÉVRIER 1920

CHARLES-LAVAUZELLE & Cie
Éditeurs militaires
PARIS, Boulevard Saint-Germain, 124
LIMOGES, 62, Avenue Baudin | 53, Rue Stanislas, NANCY

1925

MINISTÈRE DE LA GUERRE

DIRECTION DE L'INFANTERIE

NOTICE PROVISOIRE

SUR

LES BATAILLONS DE MITRAILLEURS

R.F.

ANNEXE XIII

A LA

2e PARTIE DU RÈGLEMENT PROVISOIRE
DE MANŒUVRE D'INFANTERIE
DU 1er FÉVRIER 1920

8° V
43044

CHARLES-LAVAUZELLE & Cie
Éditeurs militaires
PARIS, Boulevard Saint-Germain, 124
LIMOGES, 62, Avenue Baudin | 53, Rue Stanislas, NANCY

1925

ANNEXE XIII

A LA

2e PARTIE DU RÈGLEMENT PROVISOIRE DE MANŒUVRE D'INFANTERIE

DU 1er FÉVRIER 1920

GÉNÉRALITÉS.

ROLE ET APTITUDES DES BATAILLONS DE MITRAILLEURS.

Les bataillons de mitrailleurs sont des formations de création trop récente pour qu'il soit possible d'édicter à leur sujet des règles d'emploi définitives et il est essentiel de bien mettre en relief, tout d'abord, le caractère provisoire de la présente annexe.

On peut définir ces bataillons, des unités d'infanterie, abondamment pourvues d'armes automatiques (mitrailleuses et fusils-mitrailleurs), capables de fournir des feux puissants et bien coordonnés sur des fronts très étendus comparativement à leurs effectifs.

Leur aptitude à tenir, avec des effectifs très restreints, les fronts sur lesquels ils sont employés, procure au commandement la possibilité de conserver des réserves plus importantes pour ses manœuvres.

Les bataillons font organiquement partie des réserves générales du commandant en chef. Ils sont mis à la disposition des grandes unités en fonction de leurs besoins tactiques du moment.

Ils sont employés, en principe, dans le cadre de la division. Plusieurs bataillons peuvent être réunis sous les ordres d'un même chef, qui joue alors à leur égard un rôle analogue à celui du commandant d'un régiment.

L'attribution de bataillons de mitrailleurs aux grandes unités de cavalerie augmente leurs possibilités d'action en leur permettant la constitution de barrages de feux puissants. Leur emploi se fera d'après les mêmes principes que dans le cadre de la division de ligne.

Les bataillons de mitrailleurs peuvent exceptionnellement être appelés à constituer à eux seuls et en dehors du cadre de la division, sur certaines parties du front, un rideau défensif, susceptible, grâce à la puissance de ses feux, de tenir efficacement une position tant qu'elle n'est pas l'objet d'une attaque fortement montée.

Le rideau devra être appuyé par un minimum d'unités d'autres armes, en particulier par de l'artillerie. Il sera en outre indispensable d'en organiser le commandement et de donner à celui-ci les moyens nécessaires, en particulier, au point de vue des transmissions.

Les bataillons de mitrailleurs combattent uniquement par le feu. Ils sont particulièrement aptes à assurer la défense du terrain. Ils ne sont pas organisés pour mener à eux seuls un combat offensif.

Il y a intérêt à employer le bataillon groupé, afin qu'il puisse développer toute la puissance de feu dont il est capable. Ce mode d'emploi conviendra spécialement aux terrains découverts où il lui sera possible d'obtenir le rendement maximum des moyens dont il est pourvu. Le bataillon pourra cependant être fractionné dans des cas particuliers tels que : emploi en terrains couverts, montagneux, compartimentés et boisés, ou encore lorsqu'il sera nécessaire de faire face à une situation imprévue.

Le bataillon de mitrailleurs n'est pas doté de moyens de défense contre les chars de combat. Il faudra, s'il est nécessaire, renforcer en canons anti-chars les secteurs tenus par lui.

CHAPITRE PREMIER.

ARMEMENT ET MOYENS DU BATAILLON DE MITRAILLEURS.

ARTICLE UNIQUE.

On trouve dans le bataillon de mitrailleurs les mêmes armes que dans le bataillon d'infanterie, savoir : fusils et mousquetons avec baïonnettes, fusils-mitrailleurs, mitrailleuses, grenades et, pour certains gradés et soldats seulement, revolvers ou pistolets automatiques.

Les caractéristiques de l'armement spécifiées dans la IIe partie du règlement provisoire de manœuvre d'infanterie (nos 47 à 53) s'appliquent sans modifications aux armes dont il est doté.

Le bataillon de mitrailleurs comprend 3 compagnies de mitrailleuses, disposant chacune de 16 pièces et de 8 fusils-mitrailleurs, et une compagnie de fusiliers-voltigeurs identique aux unités correspondantes des régiments d'infanterie.

Le bataillon peut donc mettre en œuvre, au total, 84 armes automatiques (48 mitrailleuses et 36 fusils-mitrailleurs).

En outre, il est doté de moyens importants de transmission et d'observation.

En raison de sa constitution même et, en particulier, du nombre élevé de ses mitrailleuses (armes à tir mécanique et à trajectoire tendue) le bataillon de mitrailleurs possède une puissance de feu considérable, qui lui permet d'interdire absolument tout mouvement de personnel non protégé dans sa zone d'action.

CHAPITRE II.

POSSIBILITÉS TACTIQUES.

ARTICLE UNIQUE.

Le bataillon de mitrailleurs a été conçu et organisé en vue de développer une puissance de feu que ne peut fournir, à effectif égal, aucune troupe d'infanterie. D'autre part, grâce à la présence de sa compagnie de fusiliers-voltigeurs, dont les éléments sont répartis à la demande de la situation, il peut, souvent, se suffire à lui-même, c'est-à-dire réaliser la sûreté de son dispositif, liquider par des actions locales les petits incidents de combat, organiser sommairement son terrain d'action, assurer son ravitaillement en munitions, etc.

Toutefois, il n'est pas apte à la manœuvre. Le mouvement pour lui ne peut avoir ni d'autre signification ni d'autre but que de lui permettre de porter, d'une position sur une autre, le dispositif de feu qu'il doit réaliser pour combattre. Il ne peut être considéré comme une réserve *mobile* de feux.

Dans des opérations offensives, on l'emploiera dans les zones où il suffira momentanément d'établir un barrage; couverture d'un flanc, liaison entre deux attaques, etc.

On pourra aussi l'utiliser comme renfort de feux des unités d'infanterie chargées de l'attaque et le faire agir en groupements exécutant des feux de masse, le plus souvent à longue portée.

Dans la défensive, la répartition et l'emploi des bataillons dépendront essentiellement du terrain. Le général de division pourra les accoler, s'il dispose de zones de terrain suffisamment larges et découvertes. Le groupement de bataillons ainsi déployé relèvera généralement, dans ce cas, du commandant de l'infanterie divisionnaire ou du général de division. Dans d'autres circonstances, il y aura intérêt à employer dans le cadre du régiment d'infanterie le bataillon, groupé autant que possible.

Le régiment ainsi renforcé de mitrailleurs aura généralement à fournir les réserves partielles chargées de les appuyer le cas échéant, et, suivant les circonstances et le terrain (front très étendu, terrain favorable aux infiltrations, etc.), les fractions supplémentaires d'infanterie nécessaires à l'organisation du service de sûreté.

Le bataillon de mitrailleurs établira les barrages de feux nécessaires à la lisière extérieure de la position de résistance et à l'intérieur de cette position dans le secteur où il sera placé.

De toutes les unités d'infanterie, le bataillon de mitrailleurs est celle dont le dispositif de combat est le moins vulnérable et qui peut le plus facilement et le plus économiquement, réaliser, à l'aide du feu, la sûreté de jour et de nuit, au moyen de ses armes à pointage stable capables de produire un feu réellement mécanique.

La puissance de son armement lui permet de tendre, sur des fronts pouvant atteindre 4 kilomètres en terrain moyen, un réseau de feu, dense et continu, qu'une attaque ne saurait forcer sans avoir été minutieusement préparée par la mise en œuvre de moyens considérables. En particulier, si le bataillon de mitrailleurs est couvert par un obstacle important (grand cours d'eau par exemple) il peut tenir un front supérieur à 4 kilomètres.

Dans tous les cas, la limite d'extension de la zone, à lui attribuer sera marquée par la nécessité de maintenir dans celle-ci un service de guet complet, de jour et de nuit, ainsi que d'y assurer une interdiction absolue.

Dans toutes les circonstances où il est employé, le bataillon de mitrailleurs permet l'économie des forces, parce qu'il est capable, avec des effectifs restreints, de mettre en œuvre des moyens puissants.

Pour agir, le bataillon de mitrailleurs doit, avant tout, stabiliser, au moins momentanément, son dispositif de combat; la puissance de ce dispositif s'accroît avec la durée de la stabilisation.

CHAPITRE III.

PRINCIPES D'EMPLOI DU BATAILLON DE MITRAILLEURS.

ARTICLE UNIQUE.

Les prescriptions réglementaires, contenues dans l'Instruction provisoire pour les unités de mitrailleuses d'infanterie, du 1er octobre 1920, sont applicables aux bataillons de mitrailleurs.

Il en est de même des principes de combat et d'emploi des feux d'infanterie, donnés par le Règlement provisoire de manœuvre et, plus spécialement, en ce qui concerne le combat pour la défense du terrain.

Ce n'est que dans l'exécution des prescriptions réglementaires qu'il y aura lieu d'envisager les modalités qui découlent de l'organisation spéciale du bataillon de mitrailleurs et des caractéristiques de son armement. Les indications contenues dans la présente annexe ont pour but d'orienter les cadres à cet égard.

Chaque dispositif de combat d'un bataillon de mitrailleurs est un dispositif de feu, plus ou moins profond, mais dans lequel toutes les armes à pointage stable doivent pouvoir, de leurs emplacements, intervenir en avant des éléments les plus avancés du système.

Le barrage est réalisé de manière à battre, sans solution de continuité, sur une profondeur variable suivant la configuration du sol et l'étendue de la zone d'action, une bande de terrain parallèle au front, étroitement surveillée de jour et de nuit.

Par l'emploi de ses feux aux grandes distances, le bataillon de mitrailleurs peut retarder, pendant un certain temps si c'est nécessaire, le moment où l'adversaire viendra au contact étroit du front dont la défense lui est confiée. A cet effet, des tirs sont préparés sur tous les points importants (croisement de routes, débouchés de village, lisières de bois, couloirs d'accès, etc.) qu'il est possible de tenir sous l'observation terrestre ou aérienne.

La soudure intime de toutes les parties du dispositif de combat est une des conditions essentielles de sa valeur; elle doit faire l'objet des soins les plus attentifs du commandement, à tous les échelons.

L'appui réciproque entre deux éléments n'est jugé suffisant — surtout au contact de l'ennemi — que s'il est réalisé : de jour par le croisement des vues et du feu; de nuit par la combinaison du feu et des écoutes.

L'union intime des vues, des écoutes et du feu est une condition indispensable. L'inviolabilité du front est d'autant mieux assurée que cette union est réalisée avec plus de soin.

Dès qu'un bataillon de mitrailleurs a reçu une mission, son chef étudie et réalise immédiatement les plans de feux correspondant à la situation où le placent les ordres qu'il a reçus.

Quel que soit le front qui lui est attribué, il s'efforce d'échelonner ses moyens et de garder à sa disposition les éléments nécessaires pour parer à l'imprévu et surtout pour faire sentir, le plus longtemps possible, son action par des feux puissants, se superposant, en temps opportun, à ceux des unités chargées de la défense des parties les plus délicates du front, ou de celles qui seraient l'objet d'une pression adverse plus particulièrement ardente.

La réserve ainsi constituée comprendra, généralement, outre une fraction de fusiliers-voltigeurs, une proportion de mitrailleuses qui pourra parfois atteindre l'effectif d'une compagnie. La réserve des mitrailleuses devra pouvoir exécuter des feux massifs à toutes les distances jusqu'aux limites extrêmes de portée des pièces; la nécessité de soustraire les groupements de pièces aux vues des observatoires terrestres de l'adversaire conduira à l'emploi fréquent du tir indirect.

En dehors de la mission d'exécution des feux massifs, les éléments de mitrailleuses en réserve pourront recevoir d'autres missions : c'est ainsi qu'une répartition des pièces en arrière de la position peut également être prévue et préparée, en vue d'accroître, le cas échéant, la valeur et le nombre des barrages successifs organisés dans l'intérieur de la position.

La constitution d'une réserve permet, en outre, d'assurer par roulement, aux unités en première ligne, un repos indispensable. Ce cas se présentera principalement lorsque le bataillon sera appelé à stationner longtemps sur un front défensif, au contact de l'ennemi.

Dans le cadre où le place l'ordre du chef de bataillon, le commandant d'une compagnie de mitrailleuses organise ses plans de feux en combinant l'action de ses sections de mitrailleuses et de ses groupes de fusils-mitrailleurs. La valeur de son dispositif repose sur la puissance de feu de la mitrailleuse. Le fusil-mitrailleur complète l'action de cette dernière.

Les mitrailleuses sont échelonnées en profondeur et disposées de manière que le plus grand nombre d'entre elles coopèrent au barrage frontal; celles placées dans le voisinage immédiat du barrage, par des tirs d'enfilade; celles placées plus en arrière, par des tirs d'écharpe ou des tirs de front.

Cette coopération au barrage frontal, chaque fois qu'elle est possible, constitue leur mission principale; leur mission secondaire consiste à tendre des barrages à l'intérieur de la position et aussi à participer à des concentrations de feu sur tous les points sensibles du terrain situés en avant de la position.

Les fusils-mitrailleurs assurent la continuité du barrage frontal; à l'intérieur de la position, ils sont disposés de manière à battre les cheminements d'accès possibles de l'adversaire dans le cas d'une rupture du barrage frontal.

Les mitrailleuses sont employées, suivant les circonstances et les missions dévolues au bataillon, soit par compagnie entière, soit par demi-compagnie, soit par section, soit même par groupe, cette dernière fraction étant dans tous les cas, *l'unité de feu*.

Les fusils-mitrailleurs sont mis en action, soit groupés, soit isolément.

Les distances auxquelles auront à tirer les mitrailleuses et les fusils-mitrailleurs sont éminemment variables et il est très difficile de donner des précisions à cet égard.

On peut, toutefois, indiquer :

a) Que la mitrailleuse et le fusil-mitrailleur, disposés pour le tir d'écharpe ou d'enfilade peuvent battre efficacement, par tir rasant, jusqu'à 600 mètres au moins, tout terrain parallèle à la ligne de mire;

b) Que la mitrailleuse peut tirer jusqu'à 2.000 mètres et même 2.400 mètres par visée directe ou pointage indirect, et que cette distance peut être dépassée de beaucoup dans tous les cas où un tir de réglage, par observation des points de chute, aura pu être exécuté au cours de la période de préparation;

c) Que le fusil-mitrailleur peut tirer jusqu'à 1.000 et 1.200 mètres.

Les compagnies de mitrailleuses engagées en première ligne doivent, dans la mesure du possible, réserver un petit élément, par exemple : un groupe de mitrailleuses ou un ou deux fusils-mitrailleurs, qui joue le rôle de soutien par rapport aux autres éléments déployés.

Le commandant de compagnie réalise le plus complètement possible l'appui par le feu des compagnies voisines. Les croisements de feux et les flanquements réciproques augmentent considérablement le rendement des armes mises en action.

Tous les chefs d'unités, jusqu'aux plus petites, s'efforcent également de réaliser l'appui réciproque le plus intime, qui constitue pour l'ensemble du dispositif une sécurité que rien ne saurait remplacer.

La compagnie de fusiliers-voltigeurs est utilisée par le commandant du bataillon au mieux des circonstances.

Employée en bloc ou, plus généralement, fractionnée, sa mission essentielle est de coopérer au service de surveillance, de parer aux infiltrations de l'ennemi dans le dispositif, de régler les incidents locaux du combat, de participer au ravitaillement en munitions des unités de mitrailleuses et à l'organisation du terrain.

Le peloton de cavaliers participera au service de surveillance et au service de liaison et transmissions.

Les travaux du champ de bataille, sans cesse améliorés, constituent l'un des meilleurs moyens d'accroître la valeur défensive de la position occupée; cette remarque s'applique d'ailleurs à toutes les troupes. Par contre, la nature des missions généralement confiées aux bataillons de mitrailleurs implique la nécessité d'attacher une importance toute particulière aux opérations de *camouflage* susceptibles de les soustraire à l'observation aérienne.

CHAPITRE IV.

SERVICE DE SURVEILLANCE.

A. — Surveillance avancée.

Tant au cours de son approche que dans la prise de son dispositif de combat, le bataillon de mitrailleurs a besoin d'être protégé contre toute surprise afin de pouvoir mettre en œuvre, méthodiquement et opportunément, son plan de feux.

Dans le cas où le bataillon de mitrailleurs combat dans le cadre de la division (1), il pourra recevoir de cette dernière les éléments mobiles supplémentaires nécessaires à l'organisation du service de surveillance.

En particulier, lorsque la ligne de combat de la division ou simplement d'un régiment d'infanterie renforcé de mitrailleurs comporte des avant-postes, ces derniers sont, en principe, fourni sur le front du bataillon de mitrailleurs par l'infanterie divisionnaire ou par le régiment renforcé.

Dans le cas où le bataillon de mitrailleurs ne reçoit aucune aide supplémentaire il assure lui-même la sûreté de son dispositif. Il dispose pour cela de sa compagnie de fusiliers-voltigeurs et de son peloton de cavaliers.

Suivant les circonstances et d'après les renseignements que l'on peut avoir sur l'ennemi, le service de surveillance avancée sera allégé ou renforcé avec le souci de ménager le plus possibles les forces d'une troupe appelée à remplir seule, pendant un certain temps, une même mission.

La plupart du temps le service de surveillance se réduit à un certain nombre de postes fixes disposés sur des emplacements favorables à l'observation.

Quand les renseignements que l'on possède sur l'ennemi ne peuvent faire supposer une attaque brusquée, ces postes restent en place de jour et de nuit.

Les postes principaux commandés par un officier ou un sous-officier sont autant que possible encagés par le feu des armes à pointage stable du dispositif général du combat.

Lorsque l'ennemi prend le contact, ces postes au contraire se replient par des couloirs fixés d'avance.

Des consignes spéciales règlent minutieusement l'opération en accord complet avec le feu qui, en aucun cas, ne

(1) Division de ligne ou division légère.

doit présenter de lacune en ce qui concerne la continuité du barrage destiné à assurer l'intégrité du front.

B. — Reconnaissance et patrouilles en avant de la position de résistance.

S'il y a lieu, le chef de bataillon prescrit à des éléments tirés, en principe, de la compagnie de fusiliers-voltigeurs et complétés, le cas échéant, par des cavaliers, des reconnaissances et des patrouilles sur les points du terrain placés dans les limites d'action des armes à pointage stable et qui échappent à la vue du système de surveillance.

En cas d'attaque de l'ennemi, ces éléments avancés se replient sur la position de résistance par le couloir qui leur a été réservé. Leur manœuvre est liée à des feux d'encagement dont l'exécution fait l'objet de consignes particulières du plan de feu général.

S'il est nécessaire d'exécuter des patrouilles de nuit, elles opèrent sur des objectifs peu éloignés du front de combat; leur sécurité est assurée au moyen d'encagements fournis par celles des armes à pointage stable dont l'emplacement permet la réalisation de ces encagements.

C. — Service de guet.

Au contact immédiat de l'ennemi le service de surveillance avancée est complété par un service de guet destiné à assurer la protection immédiate des mitrailleuses et à donner l'alerte en exploitant au mieux les vues et les écoutes.

Ce service est habituellement assuré par des postes d'écoute dont l'effectif est en principe d'une équipe de fusiliers-voltigeurs, et, en tous cas, toujours, d'un groupe d'au moins quatre hommes, dont un gradé.

On affecte de préférence les équipes de fusils-mitrailleurs aux postes d'écoute dont les emplacements permettent d'assurer un flanquement rapproché devant le front à défendre, d'enfiler un couloir ou de battre directement le débouché d'un couvert.

Les postes d'écoute sont en nombre suffisant pour qu'il soit impossible à un ennemi, soit de jour, soit de nuit, d'infiltrer des éléments dans le dispositif de combat sans qu'il soit pris sous le feu du barrage instantanément déclanché.

Les postes s'organisent dès leur mise en place pour qu'il soit possible de leur donner, sans restriction d'aucune sorte, l'appui du feu des armes destinées à tirer sur le terrain qu'ils ont à surveiller; à cet effet, ils utilisent les obstacles naturels, pour se couvrir, et au besoin ils creusent un élément de tranchée avec un parados.

Dans les terrains où la présence d'eau empêche une fouille profonde, il convient, à défaut d'obstacles naturels, de leur établir, le plus tôt possible, un abri de surface.

Dès qu'ils en ont le temps et les moyens, les postes se protègent par des défenses passives, sous réserve qu'en aucun cas cette partie de l'organisation du terrain ne vienne apporter la moindre gêne à l'action du feu.

Le dispositif de guet se complète de tous les observateurs, guetteurs, tireurs aux pièces, agents de transmissions, qui, sur toute l'étendue du dispositif de combat, ont le devoir, par une vigilance constante, d'assurer la mise en action en temps utile, des moyens de combat.

CHAPITRE V.

COMBAT DU BATAILLON DE MITRAILLEURS.

ARTICLE PREMIER.

Déploiement du bataillon.

Appelé à engager son unité au cours d'un combat, le chef de bataillon couvre l'approche de son dispositif conformément aux principes exposés au Règlement provisoire de manœuvre (2e partie. — Nos 72 et 73) et dans les conditions indiquées au chapitre IV de la présente annexe. Le chef de bataillon s'efforce de réaliser le déploiement du bataillon hors des vues et des coups de l'adversaire.

A cet effet, s'il n'est pas couvert par des troupes dont la situation lui soit exactement connue et avec lesquelles il ait pu établir une liaison parfaite, il déploie son bataillon parallèlement au front qu'il a reçu l'ordre d'occuper et assez en arrière pour n'être pas exposé à être abordé par l'ennemi avant de pouvoir lui opposer des feux frontaux puissants et instantanément déclanchés.

Sur la base de ses mouvements ultérieurs, le chef de bataillon indique l'unité de direction, fixe les dispositions spéciales à observer pendant la marche et désigne les fractions chargées d'assurer la liaison avec les unités voisines.

La progression s'effectue par bonds.

A l'intérieur de la formation, les divers éléments combinent leurs déplacements de façon que celui qui marche puisse toujours être appuyé, en cas de besoin, par les feux des éléments qui le précèdent ou le suivent.

Les liaisons s'opèrent du reste vers l'unité de base, chacun des éléments s'efforçant de rester toujours en mesure de réaliser avec ceux qui l'encadrent et le précèdent, toutes les combinaisons de feux que permettent l'armement et le terrain.

Dans chaque élément qui progresse le dispositif de feux, prêt à entrer instantanément en action, se déplace parallèlement à lui-même; la direction de marche est contrôlée au besoin à la boussole par les commandants de compagnie et les chefs de section.

Le chef de bataillon dirige l'ensemble en s'appuyant sur l'unité de base, aux mouvements de laquelle les autres unités se subordonnent.

Il veille particulièrement au maintien de l'ordre; il suspend la marche chaque fois qu'il est nécessaire de le faire pour rétablir une liaison intime entre tous les éléments de son dispositif de combat.

S'il rencontre l'ennemi au cours de son mouvement, le bataillon se fixe et s'engage avec tous ses moyens.

S'il atteint la position qui lui a été assignée, il s'y installe et s'y organise comme il est dit ci-après.

ARTICLE 2.

Dispositif de combat.

A. — *Répartition des forces et des moyens.*

Lorsque le bataillon de mitrailleurs reçoit l'ordre de s'installer sur un front défensif, la distance à laquelle il se trouve de l'ennemi étant momentanément indéterminée, le chef de bataillon réalise, le plus rapidement possible, un premier dispositif capable de satisfaire aux nécessités d'un combat rapproché.

Au reçu de l'ordre qui lui fixe le front dont il a à assurer la garde, il indique, tout d'abord, d'après la carte, en le jalonnant par des points, facilement repérables sur le terrain, le tracé général du barrage de feu qui doit couvrir au plus près la ligne de résistance.

Il détermine ensuite la zone qu'il attribue à chacune des compagnies qu'il place en première ligne, fixe provisoirement les postes des commandants de compagnie et le sien propre et donne les indications qui serviront de base au déploiement des moyens de transmission qui doivent être placés en première urgence.

Les commandants de compagnies, s'ils possèdent une carte à une échelle suffisante, répartissent le front qui leur est attribué entre leurs sections de tir; s'ils n'ont pas de carte, cette répartition est faite sur le terrain.

Dès l'arrivée sur son emplacement approximatif, le commandant de compagnie de mitrailleuses met en ligne le nombre de pièces qu'il estime nécessaire pour assurer immédiatement l'inviolabilité de la zone de terrain qui lui est attribuée. Puis, au fur et à mesure qu'il peut procéder à des reconnaissances plus détaillées et qu'il complète ces renseignements sur les formes et les accidents du terrain, il réduit le nombre de groupes placés à l'arrivée, et, progressivement, il s'efforce de réaliser le dispositif de feu qui est indiqué ci-après.

B. — *Dispositif de feu.*

Intimement lié au dispositif de guet, le dispositif de feu est réalisé parallèlement à ce dernier, de manière à assurer, avant tout, la plénitude du barrage devant le front à défendre.

Cette condition essentielle est remplie immédiatement par un placement rapide des armes nécessaires; les perfectionnements que peut comporter le dispositif de feu, tant par un échelonnement judicieux qui en augmente la durée de résistance, que par l'emploi en flanquements éloignés des armes à pointage stable pour obtenir une meilleure utilisation de leur puissance, sont ensuite réalisés à mesure que la durée du stationnement permet une étude plus complète des formes du terrain.

Dans tous les cas, le dispositif de feu présente, en principe, d'abord les pièces chargées de réaliser la plénitude du barrage, mission principale à laquelle elles doivent satisfaire avant tout, ensuite, celles qui, réservées par les commandants des compagnies de première ligne, peuvent remplir plusieurs missions de soutien, enfin les pièces des unités à la disposition du chef de bataillon pour lui permettre de faire sentir son action suivant les circonstances du combat.

Qu'elles soient à la disposition du commandant de compagnie ou réservées par le chef de bataillon, aucune des armes ne doit rester inactive en cas d'attaque brusquée.

Toute mitrailleuse momentanément inemployée, est obligatoirement pointée et bloquée sur un objectif principal. En cas d'attaque inopinée, elle entre en action, soit à la demande de barrage, soit d'après les consignes spéciales pour la conduite du feu.

Pour permettre de mener le combat à l'intérieur du dispositif dans le cas où un ennemi aurait réussi à forcer la ligne principale de résistance, l'étude du croisement des feux des diverses armes est minutieusement préparée et réalisée.

Des repères sont posés pour permettre aux pièces momentanément sans emploi de venir tendre à l'intérieur de la position de nouveaux barrages devant une progression adverse, l'arrêter et la clouer au sol.

Des réactions par le mouvement, confiées en principe à la

compagnie de fusiliers-voltigeurs, sont également étudiées et préparées pour chasser rapidement l'assaillant des points du terrain dont il aurait pu s'emparer.

Le chef d'une section de tir, dès qu'il a reçu du commandant de la compagnie les limites du front attribué à son unité et le tracé de la ligne de résistance, réalise immédiatement, au besoin par un déplacement linéaire de toutes les armes dont il dispose, un front de feu sans solution de continuité, sur toute l'étendue du terrain dont il a à assurer la garde.

Il fixe les emplacements des postes de guet, assure sa liaison avec l'unité voisine du côté indiqué par l'ordre du chef de bataillon.

Il recherche les flanquements qu'il peut donner aux sections qui l'encadrent et ceux qu'il peut recevoir de ces dernières.

Il rend compte immédiatement à son commandant de compagnie des dispositions prises, et, sur un croquis sommaire, lui indique l'emplacement des différents éléments de la section; il lui communique les résultats de l'étude de détail qu'il a effectuée sur le terrain, pour la recherche des flanquements réciproques avec les sections voisines.

Le commandant de compagnie assure, du côté indiqué par le chef de bataillon, la soudure de son unité à l'unité voisine, recherche les flanquements qu'il peut donner, ceux qu'il peut recevoir et s'entend à ce sujet avec les commandants de compagnie intéressés.

D'après les études de ses chefs de section et la reconnaissance d'ensemble qu'il a pu effectuer, il arrête une première articulation de son dispositif de feu.

Il rend compte, dans le plus bref délai, à son chef de bataillon des dispositions qu'il a prises, d'accord avec les commandants des compagnies qui l'encadrent; il joint à ce compte rendu un croquis où figure l'emplacement de ses divers éléments.

S'il existe sur son front des points délicats que ses moyens ne lui permettent pas de battre suffisamment, et qu'il n'ait pu, pour une raison quelconque, obtenir des unités voisines un appui suffisant, il le signale au chef de bataillon et lui demande, le cas échéant, l'appui des pièces placées en réserve.

Il propose, d'autre part, au chef de bataillon, s'il y a lieu, les modifications qu'il serait nécessaire d'apporter au plan primitif.

Enfin, tout en s'efforçant de prélever sur ses unités la main-d'œuvre dont il a besoin, il expose au chef de bataillon ses besoins en main-d'œuvre et aussi en matériel de tout genre.

Le chef de bataillon assure la soudure de son dispositif de combat avec celui des unités qui l'encadrent.

Dès qu'il a reçu les comptes rendus d'installation des commandants de compagnie, il prescrit les flanquements réciproques qui n'auraient pu être obtenus par entente directe entre les chefs d'unités. Il fait préparer les plans de feux des unités dont il s'est réservé l'emploi, détermine les points particuliers que ces éléments auraient à battre en cas d'attaque inopinée et arrête les consignes générales et particulières relatives à la conduite du feu.

Il complète, le cas échéant, les moyens en personnel des compagnies de mitrailleuses par des éléments de la compagnie de fusiliers-voltigeurs et du peloton de pionniers. Il répartit entre elles le matériel de pionniers disponible.

Il prescrit l'approvisionnement en munitions, accessoires et ingrédients de toute nature à placer dans les postes d'entretien et de ravitaillement des compagnies et des éléments réservés à sa disposition; il fixe les emplacements des dépôts de munitions et de matériel, des postes de secours, etc.

Aussitôt que possible, le chef de bataillon rend compte à l'autorité dont il dépend des mesures qu'il vient de prendre pour asseoir provisoirement son dispositif de combat et joint à son rapport un croquis à grande échelle où figurent tous les éléments de son dispositif de feu.

S'il y a lieu, il expose ses besoins en main-d'œuvre et en matériel.

ARTICLE 3.

Liaisons, transmissions et observation.

Les prescriptions réglementaires contenues dans l'Instruction provisoire sur l'organisation et le fonctionnement de la liaison et des transmissions sont applicables aux bataillons de mitrailleurs.

Amené à déployer son unité, le chef de bataillon fait fonctionner les liaisons de commandement et de renseignements organisées avant l'action (n° 19, 2e partie, Règlement de manœuvre d'infanterie).

Il donne, en particulier, aussitôt que possible, les indications qui doivent servir de base au déploiement des moyens de transmissions à réaliser en première urgence; postes de commandement du bataillon et des compagnies, sens des liaisons latérales.

En outre, tout en poursuivant son dispositif de combat, le chef de bataillon fait procéder à la recherche d'un certain nombre d'observatoires dans le but, non seulement de surveiller le plus près possible le terrain situé en avant de la ligne principale de défense, mais encore de fournir des vues latérales, de compléter l'observation des postes de guet et des observatoires voisins ou de les remplacer, le cas échéant.

Les besoins du bataillon de mitrailleurs sont, en ce qui concerne les transmissions, du même ordre que les transmissions nécessaires prévues pour le régiment d'infanterie et les petites unités d'infanterie par les numéros 46 et 49 de l'Instruction provisoire sur l'organisation et le fonctionnement de la liaison et des transmissions.

En conséquence, sur les bases fournies par l'ordre préparatoire donné d'après la carte par le chef de bataillon tous les moyens de transmission dont dispose le bataillon sont déployés, prêts à être utilisés. Suivant les circonstances, ces moyens sont groupés provisoirement en centre de transmission isolés ou bien alors sont directement rattachés à l'axe de transmission dont l'intinéraire a dû être indiqué par le chef de bataillon.

L'amélioration du dispositif des liaisons et transmissions est du reste poursuivi sans arrêt, compte tenu des emplacements définitifs des divers postes de commandement et observatoires.

Par suite de l'étendue du front qui peut être attribué au bataillon, on organisera le réseau téléphonique intérieur de façon à en faciliter la surveillance et l'entretien et à permettre la continuité du trafic en cas de rupture. A cet effet, il y aura le plus souvent avantage à répartir sur tout le front occupé les divers tableaux annonciateurs plutôt qu'à les réunir aux centraux.

D'autre part, pour faciliter le service d'observation et de guet, il sera parfois indiqué de pousser le réseau téléphonique, soit jusqu'à hauteur des observatoires les plus avancés, soit jusqu'à certains postes de guet particulièrement importants; on utilisera à cet effet la dotation du bataillon en fullerphones.

En attendant que le réseau téléphonique complet soit exploitable ou en cas de rupture d'une partie de ce réseau, le bataillon tire le plus grand parti possible des transmissions par optique, T. P. S. et T. S. F.

Etant donné le front habituel du bataillon, il y a souvent intérêt, quand le terrain ne s'y oppose pas, à installer un central d'observation des signaux optiques relié, le cas échéant, au P. C. de bataillon par le téléphone.

La T. P. S. peut compléter ou suppléer, s'il y a lieu, le réseau optique.

L'installation rapide d'un poste de T. S. F. permet d'établir des transmissions faciles et de bon rendement soit vers l'arrière, soit latéralement, soit même entre deux points dont l'intervalle est particulièrement battu par le feu de l'ennemi.

Tout prélèvement sur le personnel des compagnies de mitrailleuses pour assurer une transmission par agents de transmission sera réduit au minimum; la compagnie de fusiliers-voltigeurs, compte tenu des obligations variées qui lui incombent, ne pourra elle-même fournir qu'un effectif restreint à ce mode de transmissions. On fera donc, s'il le faut, un large emploi des cavaliers, cyclistes, motocyclistes et pigeons voyageurs. Les chaînes de coureurs indispensables seront autant que possible combinées avec des postes de chiens de transmission et des postes de lance-messages.

Les artifices constituent certainement le moyen le plus rapide de déclencher de jour et de nuit tout ou partie du plan de feux; seuls en définitive, ils permettent les interventions rapides exigées par la situation.

Toutefois, les conditions atmosphériques (brouillard), les particularités du terrain (terrain couvert, boisé), les restrictions provenant de l'emploi des signaux par artifices dans le cadre de la division et des divisions voisines peuvent réduire, dans des proportions appréciables, le rendement de cet excellent moyen de transmission.

Des consignes générales et particulières règlent minutieusement l'emploi des signaux destinés à assurer la direction et la conduite du feu. Le code en est changé aussi souvent qu'il est possible de le faire pour en assurer le secret.

Il appartient en particulier au chef de bataillon de bien préciser la nature des artifices à utiliser aux divers échelons : postes de guet, observatoires, postes de commandement; suivant les circonstances, en effet, les fusées à baguette et les cartouches à signaux pour tromblons V.-B. ou pistolets spéciaux, sont susceptibles d'un rendement très différent.

Pour éviter toute confusion, il y aura lieu d'organiser minutieusement le repérage des points de lancement ainsi que l'acheminement des signaux lumineux par postes relais. Enfin, les signaux essentiels se différencieront le plus généralement par la forme des feux, la couleur des feux servant de préférence à caractériser l'expéditeur du signal s'il y a lieu.

Lorsque le terrain s'y prête (en montagne par exemple) la signalisation par fanions ou encore par panneaux et par bengales avec ou sans l'intermédiaire de l'aéronautique peut donner d'excellents résultats.

Enfin, on pourra parfois parer aux inconvénients de ces divers procédés en faisant usage de signaux acoustiques (clairons, sirènes) capables d'un certain rendement pour les courtes distances.

ARTICLE 4.

Développement du combat. — Conduite en cas d'attaque.

En cas d'attaque générale ou partielle, le feu est ouvert avec la plus grande violence dès que l'ennemi se présente à découvert sur le terrain où des tirs ont été préparés.

Tout est mis en œuvre pour briser instantanément son élan avant qu'il ait pu aborder la position de résistance.

Les commandants de compagnie et le chef de bataillon, si la lutte se prolonge, s'efforcent d'intervenir dans le combat par tous les moyens en leur pouvoir. Chacun, quelle que soit la place qu'il occupe dans le dispositif de combat, s'emploie à assurer la conduite et la direction du feu, et, par les signaux convenus, les transmissions de toute nature, à renseigner l'échelon supérieur et les unités voisines sur les incidents de la lutte.

S'il existe en avant de la position de résistance des éléments momentanément avancés, postes ou patrouilles, ils se replient par les couloirs qui leur ont été ménagés.

Une liaison préalable destinée à éviter toute erreur, complétée au besoin par le code de signaux, a été établie entre ces éléments et les unités qui ont reçu l'ordre de les couvrir par le feu.

Si pour une raison quelconque, ils ne peuvent exécuter la manœuvre prévue, ils luttent sur place, s'efforçant, par des tirs à vue aux petites distances, de causer à l'ennemi les plus grandes pertes; ils acceptent le combat s'il y a lieu jusqu'au corps à corps.

La lutte est menée d'après les mêmes principes par tous les éléments engagés contre un ennemi ayant pu forcer le front de la position de résistance.

Les éléments réservés du bataillon, spécialement ceux de la compagnie de fusiliers-voltigeurs, interviennent éventuellement pour s'opposer à l'infiltration de l'ennemi dans la position de résistance et pour chasser les fractions des points où elles auraient pu prendre pied.

Si le bataillon de mitrailleurs est appelé à exécuter un repli, son chef choisit, dans les limites imposées par les ordres qu'il a reçus, une position sur laquelle il puisse installer les unités de mitrailleuses chargées de protéger par le feu, les déplacements des éléments les plus avancés.

Autant que possible, le mouvement est effectué par compagnie de mitrailleuses entière. Il est protégé par des éléments légers et mobiles (fractions de soutien des sections de mitrailleuses, éléments de la compagnie de fusiliers-voltigeurs ou autres éléments d'infanterie mis éventuellement à la disposition du bataillon pour faciliter sa manœuvre). Ceux-ci s'efforcent de retarder le plus possible la progression ennemie, pendant toute la durée du mouvement de l'installation et de la mise en batterie des pièces sur la nouvelle position.

La manœuvre en repli du bataillon de mitrailleurs est une opération délicate que le chef de bataillon doit préparer avec le plus grand soin. Il est préférable de l'exécuter de nuit toutes les fois que les circonstances le permettent.

CHAPITRE VI.

RAVITAILLEMENT EN MUNITIONS.

A. — Organisation.

Les munitions du bataillon de mitrailleurs comprennent :

Les munitions portées par les hommes;

Les munitions des échelons;

Les munitions des voitures du train de combat.

Avant l'arrivée sur la position à défendre, les voitures à munitions restent généralement groupées et suivent le bataillon d'après les ordres du chef de bataillon.

Dès l'arrivée sur la position, le chef de bataillon constitue un *centre de ravitaillement de bataillon* dans un endroit abrité, proche ou non de son poste de commandement. Il le fait gérer par un sous-officier, un armurier et quelques hommes, sous la surveillance particulière du capitaine chef de l'état-major du bataillon. Le sous-officier chargé des équipes prend le commandement du T. C. et se maintient en liaison avec le chef de bataillon; il dispose de 2 artificiers et de un ou plusieurs agents de liaison.

Le centre de ravitaillement est alimenté par des munitions prélevées sur les trains de combat d'une ou plusieurs compagnies de mitrailleuses désignées par le chef de bataillon et par les munitions, artifices et grenades de la voiture à munitions du bataillon.

Le *centre de ravitaillement* est chargé, en principe, du ravitaillement en munitions, pièces détachées, ingrédients des postes de ravitaillement des compagnies.

Au centre de ravitaillement est aménagé un atelier de rechargement des bandes, doté de l'outillage nécessaire à la mise en état du matériel. Si les munitions ne peuvent être poussées sur roues jusqu'au centre de ravitaillement, le chef de bataillon assure le transport à dos d'homme au moyen d'équipes de ravitailleurs prélevées, soit sur les unités de ravitailleurs qui auraient pu être mises à sa disposition, soit sur les effectifs du bataillon (compagnie de fusiliers voltigeurs, pionniers, etc.).

Compagnies de mitrailleuses. — Dès l'arrivée sur la position, les munitions transportées par le personnel des sections de mitrailleuses permettent de disposer immédiatement d'environ 1.800 coups par pièce.

Les chefs de section font décharger les fusils-mitrailleurs, havresacs et musettes spéciales transportés sur les voiturettes de mitrailleuses.

Si la stabilisation est prévue pour quelque durée, les chefs de section font, dans le plus bref délai, porter à 4.000 coups l'approvisionnement immédiat de chaque pièce au moyen des munitions des échelons.

Le commandant de compagnie choisit un emplacement, défilé si possible aux vues et aux coups, où il organise un *poste de ravitaillement*. A ce poste est affecté un personnel désigné par le commandant de la compagnie et qui constitue l'équipe de ravitaillement de la compagnie.

Cette équipe est chargée :

1° D'assurer les manipulations au *poste de ravitaillement;*

2° De concourir au ravitaillement des sections de mitrailleuses selon les instructions particulières du commandant de compagnie.

Le poste de ravitaillement est placé sous la surveillance particulière de l'adjudant chargé du ravitaillement de la compagnie.

Le poste de ravitaillement est alimenté par les munitions du train de combat et approvisionné globalement à 2.000 coups par pièce en ce qui concerne les mitrailleuses et à tout ou partie des munitions transportées par les voitures du train de combat pour les fusils-mitrailleurs (environ 2.000 coups par fusil-mitrailleur).

Le *poste de ravitaillement* doit, par la suite, être aménagé en atelier de rechargement des bandes et être doté des ingrédients, pièces de rechange et outillage nécessaires à l'approvisionnement et à l'entretien du matériel.

Quand le front de la compagnie de mitrailleuses est très étendu, il y a intérêt à constituer deux *postes de ravitaillement*. Dans ce cas, le commandant de la compagnie de mitrailleuses indique les sections auxquelles correspond chacun de ces postes.

Compagnie de fusiliers-voltigeurs. — Dans le cas où la compagnie de fusiliers-voltigeurs est employée groupée, le capitaine se conforme aux principes prescrits au paragraphe 239 du Règlement provisoire de manœuvre de l'infanterie, 2e partie.

Si, au contraire, la compagnie de fusiliers-voltigeurs est répartie entre les diverses unités de mitrailleuses du bataillon, le commandant de la compagnie fait compléter les postes de ravitaillement des compagnies de mitrailleuses par un approvisionnement en munitions et grenades calculé en fonction de l'effectif des fractions de fusiliers-voltigeurs détachées auprès de ces unités. Il appartiendra aux commandants des compagnies de mitrailleuses, auprès desquelles ces fractions ont été détachées, de leur donner les ordres de détails relatifs à leur ravitaillement.

B. — Fonctionnement.

Le ravitaillement s'effectue en principe la nuit.

Le chef de bataillon étudie les moyens de pousser les animaux et les voiturettes le plus loin possible et de réduire au minimum le portage à dos d'homme.

Au *centre de ravitaillement* et aux *postes de ravitaillement* les cartouches, grenades et artifices sont lotis en fardeaux d'un transport facile.

Dans les compagnies de mitrailleuses, le transport des munitions est assuré entre les postes de ravitaillement et les groupes par les pourvoyeurs des groupes.

En cas de besoin, les commandants de compagnie y apportent l'aide des équipes de ravitaillement de compagnie.

Entre le centre de ravitaillement et les postes de ravitaillement le transport est assuré par les équipes de ravitaillement de compagnie, renforcées, s'il y a lieu, par des hommes prélevés sur les fractions de fusiliers-voltigeurs mises à la disposition des commandants de compagnies.

En cas de besoin, le chef de bataillon y apporte l'aide de son équipe de ravitaillement de bataillon, des unités de ravitailleurs qu'il peut avoir à sa disposition, ou de fractions de la compagnie de fusiliers-voltigeurs restées en réserve.

Pour éviter de paralyser le fonctionnement du plan de feux par une circulation intense sur le terrain, il y a avantage, lorsqu l'on ne dispose pas de communications enterrées, à ne pas effectuer le ravitaillement simultanément pour l'ensemble du bataillon.

En principe, le ravitaillement doit s'opérer par compagnie ou fraction plus faible.

Le chef de bataillon fixe les heures de ravitaillement pour chacune des compagnies.

Les commandants de compagnie déterminent à l'intérieur de leurs sous-quartiers :

1° L'ordre de ravitaillement des groupes;

2° L'itinéraire et l'horaire de cette opération.

EXEMPLE D'INSTALLATION

D'UN

BATAILLON DE MITRAILLEURS ENCADRÉ

Le bataillon occupe une position de résistance dont la lisière extérieure est jalonnée par : Corne nord du bois *n* — Glacis sud du bois 79 — Eperon nord de l'abri voûté — Grande butte d'infanterie — Lisière nord du bois 7.

Les limites du quartier du bataillon sont indiquées sur le croquis.

Le chef de bataillon a pris les dispositions suivantes :

3 compagnies de mitrailleuses en 1er échelon, moins un peloton de la C. M. du centre qui sera réservé.

Il a poussé sa surveillance avancée (éléments de la compagnie de F. V.) jusqu'à la crête : La Hache — Ouvrages blancs — Signal 139.4.

Son plan de feux comprend :

a) Un barrage frontal appliqué sur le glacis immédiatement en avant de la lisière extérieure de la position;

b) Plusieurs barrages intérieurs;

c) Un barrage en bretelle répondant à une hypothèse d'attaque possible de l'ennemi justifiée par les facilités de cheminement que présente le terrain en avant de la partie ouest du front du bataillon;

d) Des tirs d'interdiction A^1, A^2...... A^6. (Voir croquis n° 2.)

C. M. 1, 1/2 C. M. 2, C. M. 3.	Assurent le barrage frontal, les barrages intérieurs et en bretelle, participent aux tirs d'interdiction et assurent l'appui réciproque par le feu des unités voisines.
Peloton réservé de la C. M. 2.	Peut tirer sur toute la zone d'action du bataillon. Peut, en particulier, agir en superposition sur tous les barrages et participer à l'interdiction.
Cie de F. V.....	Assure la surveillance avancée, participe au service de guet dans les C. M. et fournit les fractions destinées à régler les incidents locaux au cours du combat.

RF

EXEMPLE D'INSTALLATION D'UN BATAILLON DE MITRAILLEURS ENCADRÉ

BARRAGE — BARRAGES INTÉRIEURS — SURVEILLANCE DE NUIT

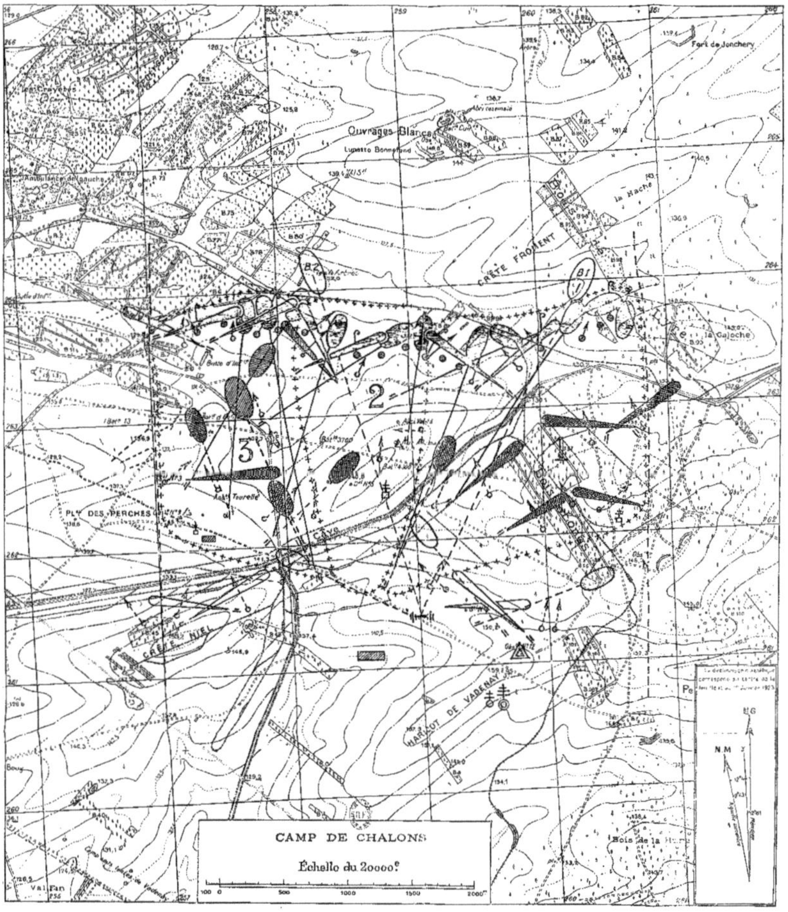

CAMP DE CHALONS

Échelle du 20000e

LÉGENDE

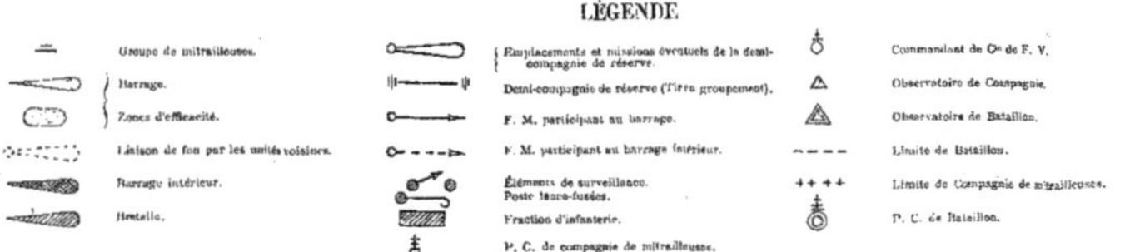

NOTA. — Il a été tenu compte, pour les dimensions des zones d'efficacité représentées sur ce croquis :

1° d'un léger fauchage (10 millièmes sur le croquis. — Ce fauchage, pour beaucoup de mitrailleuses et, en particulier, pour celles placées en arrière, comporte évidemment une amplitude plus étendue ;

2° des ricochets qui augmentent de 100 mètres environ la zone dangereuse du tir rasant en terrain parallèle à la ligne de mire.

EXEMPLE D'INSTALLATION D'UN BATAILLON DE MITRAILLEURS ENCADRÉ

TIRS D'INTERDICTION — SURVEILLANCE AVANCÉE

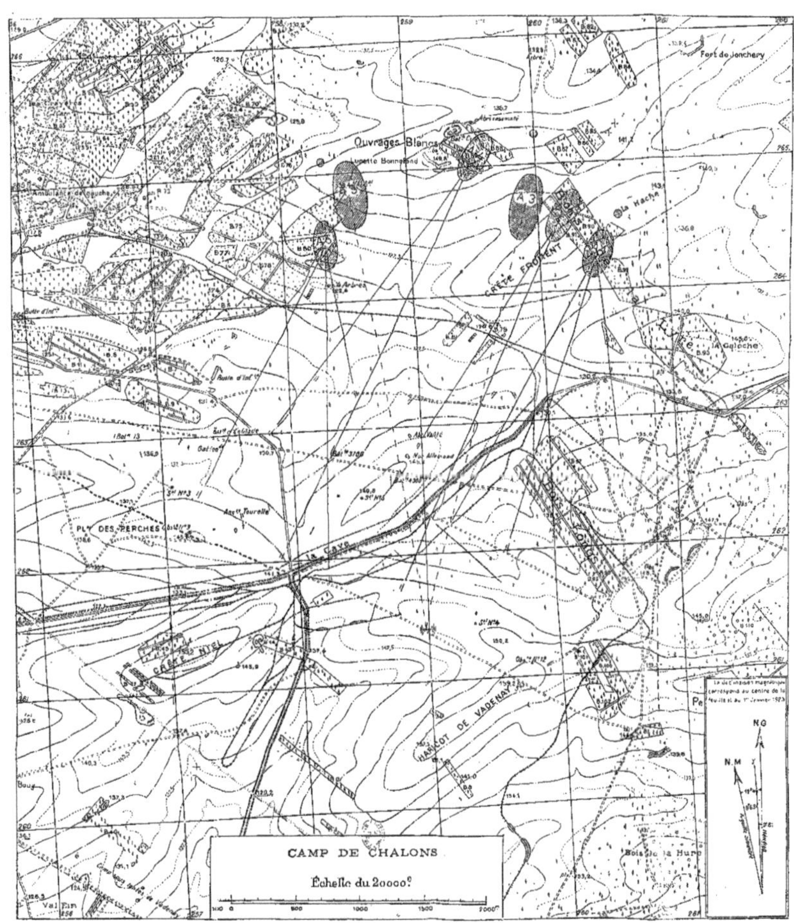

LÉGENDE

A1, A2..... Zones d'efficacité.

Poste de surveillance avancée.

Librairie Militaire CHARLES-LAVAUZELLE & Cie
PARIS, LIMOGES, NANCY

Instruction provisoire sur le service en campagne de l'artillerie 2 50
Par commande de 12 exemplaires 2 25

Règlement provisoire de manœuvre de l'artillerie de campagne, approuvé par le Ministre de la guerre le 8 septembre 1910 :

Titres I et II. — **Bases générales de l'instruction. Instruction à pied.** In-12 de 132 pages, cartonné (édition mise à jour avec les feuilles rectificatives nos 1 à 7 et avec la note du 4 octobre 1920) 1 85

Titre III. — **Instruction à cheval.** In-12 de 146 pages, cartonné 1 85

Titres III *bis*, VI *bis*, VI *ter*. — **Instruction de l'artillerie automobile.** In-12 de 210 pages .... 5 »

Titre IV. — **Instruction d'artillerie.** In-12 de 241 pages, cartonné 1 85

Titres V, VI et VII. — **L'artillerie dans le combat. Instruction des batteries attelées. Service de l'artillerie en campagne.** In-12 de 156 pages, cartonné 1 85

Règlement provisoire de manœuvre de l'artillerie de montagne, approuvé par le Ministre de la guerre le 14 novembre 1912 :

Tome I. — Titre I, **Bases générales de l'instruction.** Titre II, **Instruction à pied.** In-12 de 126 pages, cartonné (avec fascicule rectificatif n° 4970 a 1/3 du 4 octobre 1920) 2 65

Tome II. — Titre III, **Conduite et chargement des mulets.** In-12 de 148 pages, cartonné 2 65

Tome III. — Titre IV, **Instruction d'artillerie.** In-12 de 214 pages, cartonné 2 65

Tome IV. — Titres V, VI et VII, **L'Artillerie de montagne dans le combat.** *Instruction de la batterie portée. Service de l'artillerie de montagne en campagne.* In-12 de 118 pages, cartonné 2 65

Décret du 7 octobre 1909 portant règlement sur le service de place. In-12 de 174 pages, cartonné 1 50

Décret du 2 décembre 1913 portant règlement sur le service des armées en campagne. In-12 de 250 pages, cartonné .... 3 »

Règlements et instructions sur le transport des troupes de toutes armes par les voies ferrées et par les navires de commerce. Cartonné 3 75

Instruction du 4 mai 1911 relative aux soins à donner aux chevaux dans les corps de troupe. 36 pages .... » 45

Instruction du 28 mai 1923 sur l'organisation et le fonctionnement de la liaison et des transmissions (annexe n° 2 à l'instruction provisoire du 6 octobre 1921 sur l'emploi tactique des grandes unités) .... 5 »

BIBLIOTHEQUE NATIONALE DE FRANCE
3 7502 01808507 8

www.ingramcontent.com/pod-product-compliance
Ingram Content Group UK Ltd.
Pitfield, Milton Keynes, MK11 3LW, UK
UKHW020523180726
13839UKWH00005B/2265